HOUGHTON MIFFLIN HARCOURT

TEXAS
SENDEROS

Camino hacia
el éxito

Libro de lecturas para escribir
Grado 1 Volumen 1

Printed in the United States of America.

ISBN: 978-0-547-27718-9

3456789 -0877- 17 16 15 14 13 12 11 10
4500240360   B C D E F

HOUGHTON MIFFLIN HARCOURT
School Publishers

Contenido

Unidad 3

Lección

1

✓ PALABRAS QUE QUIERO SABER

amigo

con

mi

somos

Mis amigos

Lee la oración.

Escribe la palabra nueva.

1 Me gusta **mi** casa.

mi

2 Pepe no es **amigo** de Manu.

amigo

2

3 Veo a Sita **con** papá.

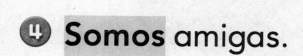

4 **Somos** amigas.

3

Lee las palabras del cuadro.

Escribe la palabra debajo de la imagen.

mapa	puma
mamá	papá

Pam y Momo

por Emma Riba

Veo a Pam.

—Me gusta **mi** casa.

—¿Y mi amigo?

Veo a Pam **con** Momo.

—¿**Somos amigos**, Momo?

¡Pam mima a Momo!
¡Momo mima a Pam!

Pam ama a Momo.

Momo ama a Pam.

Pam y Momo son **amigos**.

Marca la respuesta.

1 ¿Quién es Pam?

☐ una niña   ☐ un perro

2 ¿Cómo está Pam al principio?

☐ bien   ☐ mal

3 ¿Qué le hace Pam a Momo?

☐ lo mima   ☐ le pega

Escribe sobre Pam y Momo.

_____

– – – – – – – – – – – – – – – – – – –

4 Pam y Momo son _____.

está

mira

qué

una

El tiempo

Lee la oración.

Escribe la palabra nueva.

1 **Mira** a papá.

Mira

2 ¿**Qué** pasa?

Qué

3 Es **una** nube.

4 ¿**Está** Sam solo?

Está

Escribe una palabra

Lee las palabras del cuadro.

Escribe la palabra debajo de la imagen.

sapo	tomate
seta	sopa

1

2

3

4

14

Mía

Mamá

Papá

Tim

Totó

¿Qué teme Mía?

por Janice Winfield

¡PIM! ¡PAM! ¡PUM!

¿**Qué** teme Mía?

¡Mami! ¡Mami!

¡PUM! ¡PAM! ¡POM!
¡Papi! ¡Papi!

Papá **está** con Mía.

Papá mima a Mía.

¡PAM! ¡PUM!

¡Tim! ¡Tim!

Mira qué tiene Tim para Mía.

Una cosa para Mía… ¡Es Totó!

Mía mima a Totó.

zzz, zzz, zzz

Marca la respuesta.

1 ¿Quién teme a la tormenta?

☐ Mamá   ☐ Mía

2 ¿Quién se sienta con Mía?

☐ Totó   ☐ Papá

3 ¿Qué le lleva Tim a Mía?

☐ un osito   ☐ una linterna

Escribe sobre una tormenta.

4 Una tormenta da _____ .

Lección 3

✓ PALABRAS QUE QUIERO SABER

mucho

niños

otro

ya

En la escuela

Lee la oración.

Escribe la palabra nueva.

1 Sam **ya** lee.

ya

2 Mina lee **mucho**.

mucho

3 ¡**Otro** papel!

Otro

4 ¡Mira a los **niños**!

niños

Escribe una palabra

Lee las palabras del cuadro.

Escribe la palabra debajo de la imagen.

cuna	casa
nota	nene

1

2

3

4

Tomi y los niños

por Marvin Hampton

ESCUELA HERBERT HOOVER

NO SE PERMITEN MASCOTAS

Tomi ama a los **niños**.

—¿Niños? ¿Niños? —dice Tomi.

Mira, ¡**muchos** niños!
Tomi lee con un **niño**.

Tomi, ¡no!

—¿Y mis amigos?

—¿Otro niño?

¿Qué dice Tomi?

—¡Los **niños** son mis amigos!

Marca la respuesta.

1 ¿Adónde va Tomi primero?

☐ a la tienda

☐ a la escuela

2 ¿Qué hace Tomi después?

☐ Busca comida.

☐ Lee.

3 ¿Qué pasa al final?

☐ La maestra saca a Tomi.

☐ Tomi corre.

Escribe sobre Tomi.

_____

4 Tomi es _____.

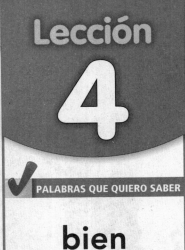

Lección 4

✔ **PALABRAS QUE QUIERO SABER**

bien

gusta

para

soy

Mis vecinos

Lee la oración.

Escribe la palabra nueva.

1 ¡Mira qué **bien**!

bien

2 Una cosa **para** ti.

para

3 **Soy** Ben. Tim toma la pelota.

Soy

4 Me **gusta** Lila.

gusta

Lee las palabras del cuadro.

Escribe la palabra debajo de la imagen.

luna   bate

bola   foto

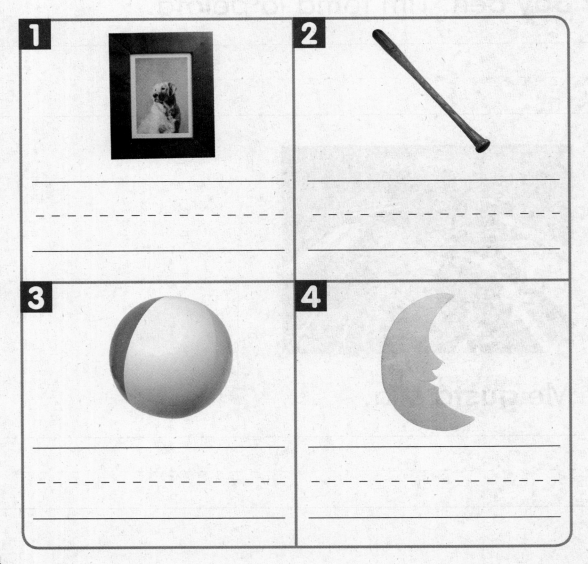

Dan

por Roberto Gómez

Soy Dan.

Soy un patito.

Esto no me **gusta**.

¿Y mi casa?

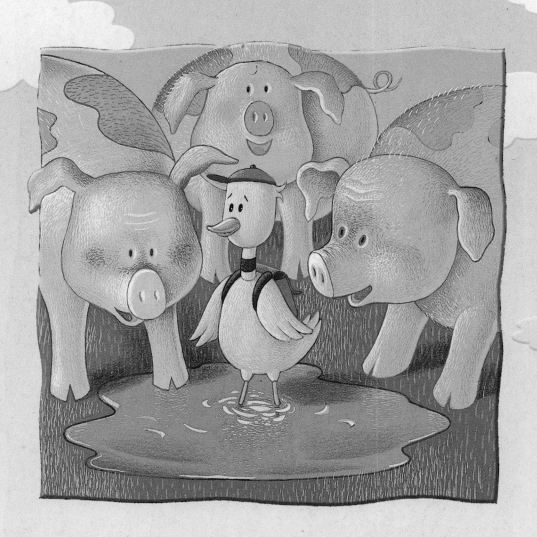

Esto no está **bien**.

¡**Soy** un pato!

¿Patos? ¿Patos? ¿Patos?

¡Un patito!

¡Es el camino **para** llegar a casa!

Esta es mi casa.

Somos patos.

Marca la respuesta.

1 ¿Cómo sabes que Dan es un pato?

☐ por el sonido que hace

☐ por el dibujo

2 ¿Dónde está el título?

☐ en la primera página

☐ en la última página

3 ¿Qué animales ve Dan en la página 38?

☐ perros

☐ gatos

Escribe sobre la casa de Dan.

_____

4 La casa de Dan es _____.

Lección 5

En el zoo

✓ **PALABRAS QUE QUIERO SABER**

el

hay

todos

va

Lee la oración.

Escribe la palabra nueva.

1 **Todos** caminan con mamá.

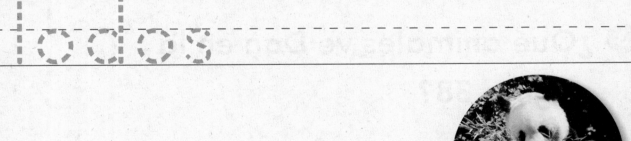

2 **El** oso come.

42

3 Lisa **va** a casa.

va

4 **Hay** un animal.

Hay

Lee las palabras del cuadro.

Escribe la palabra debajo de la imagen.

carro	perro
reno	ratita

Un perro para Pepe

por Jorge Ramos

¿Un loro? ¿Un reno? ¿Un toro?
¿**Todos** para Pepe?
Mamá dice: —¡No, no!

Pepe **va** con mamá de paseo.
¡Qué bien! ¡**Hay** animales!

—¿Es un mono? —dice Pepe.

—¡No, no! —dice Mamá.

—¿Es un pato? —dice Pepe.

—¡No, no! —dice Mamá.

—¡Un oso! ¿**El** oso es para mí?
—¡No, no! —dice Mamá—. Un oso en casa es malo.
¡Qué pena!

—Una cosa para ti —dice Papá.

¿Qué es? ¡Un perrito para Pepe!

Marca la respuesta.

1 ¿Qué quiere Pepe?

☐ una hermanita

☐ un perro

2 ¿Adónde va Pepe?

☐ al zoo

☐ al veterinario

3 ¿Quién va con Pepe?

☐ su papá

☐ su mamá

Escribe sobre un animal que Pepe vio en el zoo.

4 _____

_____

dijo

nadie

por qué

viene

La hora de los cuentos

Lee la oración.

Escribe la palabra nueva.

1 —¡Mi sopa! —**dijo** Nina.

2 ¡Ya **viene** Pelotita!

3 —¿**Por qué** me miras?—
le dijo Pepito al lobo.

4 Ana y Tito no ven a **nadie**.

Escribe una palabra

Lee las palabras del cuadro.

Escribe las palabras debajo del dibujo.

dedo	gorra
vaca	gusano

1

_____

- - - - - - - - - - -

_____

2

_____

- - - - - - - - - - -

_____

3

_____

- - - - - - - - - - -

_____

4

_____

- - - - - - - - - - -

_____

Gabo

¡Corre, corre, corre!

Romi

por Edith Rivera

Romi ya está.

Gabo ya está.

¡Corre, Romi! ¡Corre, Gabo!

¡Corre, corre, corre!

—Yo soy más rápido —**dijo** Romi—. ¡Ganaré seguro!

Ya **viene** Gabo.

—Yo correré más. ¡Y lo pasaré!

—¿**Por qué** correr más? —dijo
Romi—. Gabo no es rápido. Le ganaré.

Pero Gabo **viene**. Corre y camina.

Romi no lo ve.

Nadie lo esperaba. ¡Pero Gabo ganó!

¡Bien, Gabo, bien!

Vuelve a leer y responde

Leamos juntos

Marca la respuesta.

1 ¿Quién es Romi?

☐ el conejo   ☐ la tortuga

2 ¿Es rápido Romi?

☐ sí   ☐ no

3 ¿Por qué gana Gabo?

☐ Gabo es rápido.

☐ Gabo no se rinde.

¿Te gusta Romi? Explica por qué.

4 _____

✓ **PALABRAS QUE QUIERO SABER**

animal

aquí

cómo

hace

¿Cómo se comunican los animales?

Lee la oración.

Escribe la palabra nueva.

1 ¿Qué **animal** es éste?

animal

2 Sapo ya está **aquí**.

aquí

3 ¿Qué sonido **hace** un pato?

hace

4 ¿**Cómo** camina?

Cómo

Lee las palabras del cuadro. Escribe las palabras debajo de la imagen.

baño	chocolate
jugo	cachorro

1

_____

- - - - - - - - - - - - -

_____

2

_____

- - - - - - - - - - - - -

_____

3

_____

- - - - - - - - - - - - -

_____

4

_____

- - - - - - - - - - - - -

_____

¡Díselo a Gato!

por Carmen Gómez

—¡Qué **animal** más raro! —dijo Gato—.

¿Qué dice?

—Cua, cua, cua —dijo Pato.

Pero Gato no lo sabe. —¿Qué?

—¿Qué haces **aquí**? —dijo Gato.

—Chi, chi, chi —dijo Cigarra.

—¿Qué? ¿Qué? —dijo Gato.

—¿Qué **hace** este **animal**?

—¡Chof, chof! —dijo Cochinito.

—¡Mucho barro! Necesitas
un baño —dijo Gato.

—**Aquí** estoy —dijo Gato.

—Cu, cu, cu —dijo Rana.

—¡**Cómo** corre! —dijo Gato.

—¿Y tú? —dijo Gato.

—Sssssss —dijo Abeja.

(Viene una nube a lo lejos.)

—¿Qué? —dijo Gato.

—¡Me mojé! —dijo Gato.

—Te lo dijimos —dijo Abeja—.

¡Cua, chi, chof, cu, ssssssss!

Marca la respuesta.

1 ¿Qué decían los animales?

☐ dónde encontrar comida

☐ que iba a llover

2 ¿Quién dijo sssssss?

☐ Cigarra   ☐ Abeja

3 Mira la página 69.

¿Qué detalles te dicen que lloverá?

☐ el gato   ☐ las nubes

Escribe sobre los sonidos de los animales.

4 ¿Qué sonidos puede hacer un gato?

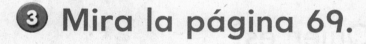

alguien

estamos

nos

tocar

¡La hora de la música!

Lee la oración.

Escribe la palabra nueva.

1 Veo a **alguien**. ¿Quién es?

alguien

2 ¿Qué va a **tocar** Jaro?

tocar

3 A nosotros **nos** gusta la música.

nos

4 ¡Ya **estamos** todos!

estamos

Lee las palabras del cuadro.

Escribe las palabras debajo del dibujo.

coro	pera
llama	llave

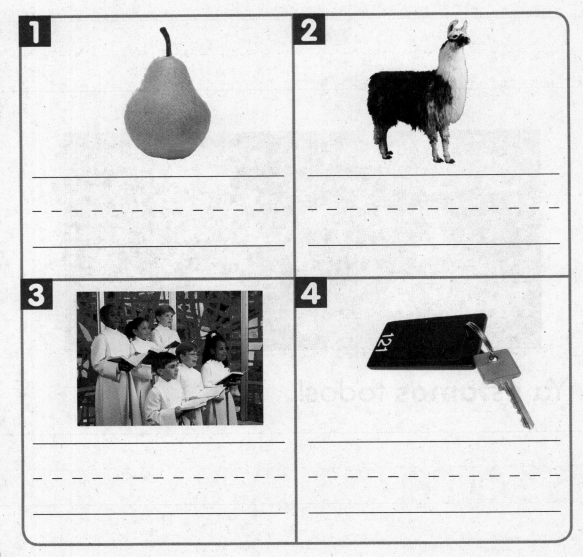

1

_____

2

_____

3

_____

4

_____

Rosita

Sara

Don Rico

Sami

Lolo

¡A tocar!

por Melinda Ramírez

Llega Rosita. ¿Qué va a **tocar**?

¡Tuturú, tuturú!

75

Llega **alguien** más.

Es la bella Sara.

Sara toca lilalí, lalí.

Ya viene don Rico.

¡Toca, toca, Rico!

¡Pom, pom, pom!

—¿**Estamos** todos?

Con Sami, sí.

Sami toca susurú, sasará.

—¿Y yo? —dice Lolo—.
Yo toco muy bien.
¡Uuuuuuuuuuuuuuuuuu!

—¡No, no, Lolo! —dicen los animales —.
Nos vamos todos.

Marca la respuesta.

1 **¿Quién empieza el desfile?**

☐ Sara   ☐ Rosita

2 **¿Quién termina el desfile?**

☐ Don Rico   ☐ Lolo

3 **¿Cuándo se une Sami?**

☐ después de Don Rico

☐ después de Lolo

Escribe sobre un desfile que hayas visto.

4 **¿Qué viste?**

_____

_____

_____

✓ PALABRAS QUE QUIERO SABER

divertido

hizo

leer

libro

Libros y escritores

Lee la oración.

Escribe la palabra nueva.

① Juli sabe **leer**.

leer

② ¡Este parece **divertido**!

divertido

③ Jaro lee un **libro** a Sara.

libro

④ Nacho **hizo** sus deberes.

hizo

Lee las palabras del cuadro.

Escribe las palabras debajo del dibujo.

> gema   yema
>
> yeso   cine

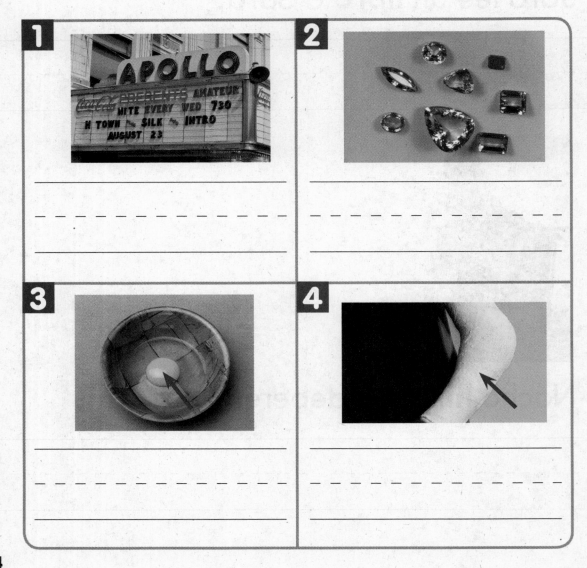

El boli rojo de Suso

por Pablo Lima

—¡Yo, yo! —dice Suso.

Suso no sabe **leer**. Pero tiene ganas.

—Un día de éstos... —dice Suso.

—¡Qué **divertido**, señorita! —dice Suso.

Suso toma un **libro**.

—Aún no sabes **leer**, Suso —dice la

señorita Mayo.

Pero un día de éstos...

El **libro** era fabuloso.

Suso soñó esa noche.

Soñó con un boli rojo mágico.

Papá lleva a Suso a una sala llena
de libros.

—¡Muchos libros! ¡A **leer**! —dice Suso.
Papá lo ayuda.

Poco a poco, Suso lee.
Y con su boli rojo mágico
hizo un **libro**.

Su **libro** se hizo famoso.
Desde ese día, Suso no para
de hacer libros.
¡Con su boli rojo mágico!

Vuelve a leer y responde

Leamos juntos

Marca la respuesta.

1 ¿Dónde está Suso en la página 85?

☐ en la escuela

☐ en su casa

2 ¿Cómo se llama este cuento?

☐ El boli rojo de Suso

☐ Suso

3 Mira la página 88. ¿Dónde está Suso?

☐ en la cafetería

☐ en la biblioteca

Escribe sobre un libro que te guste.

_____

4 _____

Lección 10

✓ **PALABRAS QUE QUIERO SABER**

después
invitó
preguntó
último

¡Hazlo!
¡Hornéalo!

Lee la oración.

Escribe la palabra nueva.

1 **Después**, Beni pone leche.

Después

2 —¿Te ayudo? —**preguntó** Rosa.

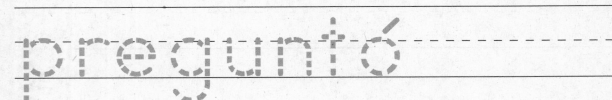

preguntó

3 Por **último**, papá saca las galletas.

último

4 Susi **invitó** a sus amigos.

invitó

Lee las palabras del cuadro.

Escribe las palabras debajo del dibujo.

queso   guiño

juguete guitarra

1

2

3

4

94

Gato

Coco

Gallina

Caballo

Vaca

Cochinito

¿Ayudas a Gato?

por Marc Vargas

Gato sigue una receta.

Necesita ayuda.

Gato **invitó** a Coco.

Coco lo ayudará.

Coco hace la masa.

Gato sigue su receta.

Gato **invitó** a Gallina y Caballo.

Ellos amasan la masa.

Después llegó Vaca.

—¿Te ayudo? —**preguntó**.

—Pon aquí la masa —dijo Gallina.

Por **último** llegó Cochinito.

—¡Bien! ¡Todo para mí! —dijo.

—¿Qué? ¡No, no, no! —dijo Gato.

—Hay un poquito para todos —dijo
Gato—. ¡Todos ayudamos! ¡Qué rico!

Marca la respuesta.

1 ¿Dónde tiene lugar este cuento?

☐ en una cocina ☐ en un dormitorio

2 ¿Quién necesita ayuda?

☐ Gallina ☐ Gato

3 ¿Qué trata de hacer Cochinito?

☐ comerse toda la tarta

☐ ayudar a Gato

Escribe sobre el cuento.

_____

- - - - - - - - - - - - - - - - -

4 ¿Quién ayuda a Gato? _____

Lección 11

✓ **PALABRAS QUE QUIERO SABER**

agua

azul

color

pequeño

Animales marinos

Lee la oración.

Escribe la palabra nueva.

1 Este animal es de **color** rojo.

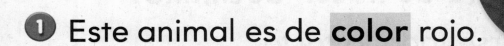

color

2 En la roca, este pájaro parece **pequeño**.

pequeño

102

3 Este animal nada en el **agua**.

agua

4 El agua es **azul**.

azul

Lee las palabras del cuadro.

Escribe las palabras debajo del dibujo.

zumo	zorro
hoyo	zapato

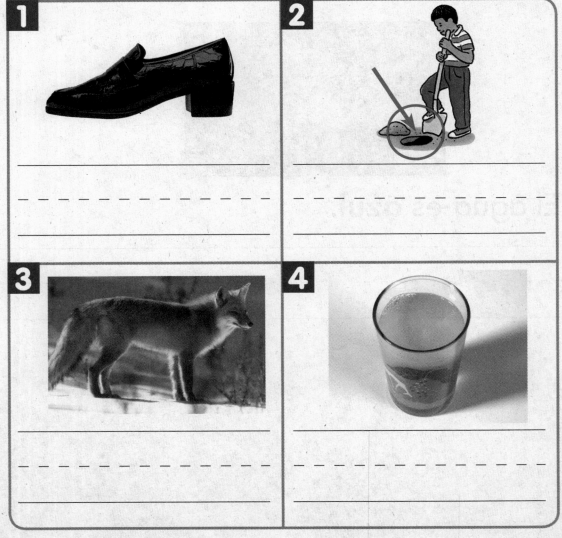

1

_____

- - - - - - - - - - -

_____

2

_____

- - - - - - - - - - -

_____

3

_____

- - - - - - - - - - -

_____

4

_____

- - - - - - - - - - -

_____

El baño de Zaro

por Diana Riquena

—¡Zaro! ¡A la bañera! —dijo Mamá.

A Zaro le gusta su baño.

—¿Qué hay en la bañera? —preguntó Zaro.

—Nada y lo verás —dijo Mamá.

Zaro nadó y nadó.

—¡Cuántos peces **pequeños**! —dijo Zaro—.

¡Hola, amigos! —saludó.

Y vio un animal de un **color** muy raro.

—Hola, perrito —dijo el animal.

—¡Aaaaa! ¡Mamá! **¿Dónde** estás? —preguntó Zaro.

—¡No te vayas, perrito! —llamaba el animal.

Pero Zaro se fue.

Nadó y nadó. ¡Arriba!

—¡Aquí estás, Mamá! —dijo Zaro.

—¿Cómo estaba el **agua**? —preguntó Mamá.

—¡Fabulosa! —dijo Zaro.

Mamá sacó a Zaro de la bañera.

—Ya es hora de ir a la cama —dijo.

Marca la respuesta.

1 **¿Para qué es este texto?**

☐ para enseñarte

☐ para contarte un cuento

2 **¿De qué trata el cuento?**

☐ el baño de un perrito

☐ cómo lavarse

3 **¿Qué asusta a Zaro?**

☐ una pastilla de jabón

☐ una tortuga grande

Escribe sobre la aventura de Zaro.

4 **¿Qué vio?**

_____

_ _ _ _ _ _ _ _ _ _ _ _ _ _ _ _

12

✓ PALABRAS QUE QUIERO SABER

bailan
claro
feliz
tengo

Cuentos de animales

Lee la oración.

Escribe la palabra nueva.

1 Este zorro es de color **claro**.

claro

2 Yo **tengo** una vaca muy bonita.

tengo

3 Los patitos **bailan** con su mamá.

bailan

4 Este animal es **feliz** en el frío.

feliz

Escribe una palabra

Lee las palabras del cuadro.

Escribe las palabras debajo del dibujo.

kiwi	koala
karate	taxi

Kiko y Coco

por Megan León

Éste es Kiko.

A Kiko no le gusta el agua.

Pero a Kiko se le ocurre una cosa.

—¡Coco! —llama Kiko—.

¡**Tengo** muchos amigos!

—Yo tengo más amigos que tú —dijo Coco.

—Llámalos y lo veremos —dijo Kiko.

Coco llamó a sus amigos. Está **feliz**.

—¿Tus amigos **bailan**? —preguntó Kiko.

—**Claro** que sí —dijo Coco.

—Pon en fila a tus amigos —pide Kiko.

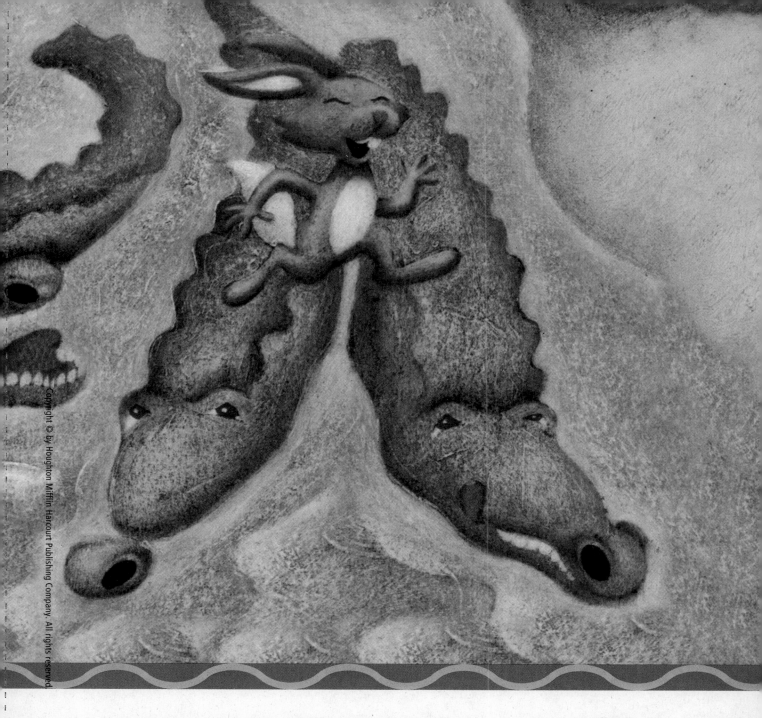

Los amigos de Coco se ponen en fila.

¡Un, dos, tres, cuatro!

Kiko corre y pasa al otro lado.

—Muy mal —dijo Coco—. ¡Ven aquí!

¡Zas! Coco come la cola de Kiko.

Kiko se va, pero sin cola se queda.

Marca la respuesta.

1 ¿A quién vemos primero?

☐ a Coco   ☐ a Kiko

2 ¿Qué pasó al final?

☐ Kiko tenía que cruzar un río.

☐ Kiko se va.

3 ¿Qué pasa después de que Coco se enfada?

☐ Coco muerde a Kiko.   ☐ Kiko nada.

Escribe sobre el cuento.

4 ¿Crees que Kiko tuvo una buena idea?

_____

— — — — — — — — — — — — — — — — — — —

_____

✓ **PALABRAS QUE QUIERO SABER**

invierno

llueve

primavera

todavía

Las estaciones cambian

Lee la oración.

Escribe la palabra nueva.

1 Es otoño y **todavía** no hace mucho frío.

todavía

2 A Jonás le gusta el **invierno**.

invierno

3 En **primavera** hay muchas flores.

primavera

4 Hoy **llueve** mucho.

llueve

Lee las palabras del cuadro.
Escribe la palabra debajo del dibujo.

lápiz	mar
pan	girasol

1

2

3

4

Max no quiere baño

por Marc Riba

Es **primavera** y **llueve**.

El agua hace mucho barro en el camino.

Max chapotea en el barro. ¡Qué divertido!

A Max le toca ir al baño.

¡No le gusta nada!

Pero le toca.

Es verano y hace mucho sol.

Max mira el agua cálida del baño.

No le gusta. ¡Qué calor!

Es otoño pero **todavía** no hace mucho frío.

Max está lleno de hojas.

Yo le digo: —¡Salta Max! ¡A la bañera!

Pero Max no salta.

¡Qué frío hace! Es **invierno**.

Max está helado.

¿Cómo se calentará?

Max corre a la casa...

¿Dónde está la bañera?

¡Hoy un baño cálido es fabuloso!

Vuelve a leer y responde

Leamos juntos

Marca la respuesta.

1 **¿Por qué Max tiene que bañarse tanto?**

☐ Siempre tiene calor.

☐ Siempre está sucio.

2 **¿Qué estación es cuando Max tiene mucho calor?**

☐ verano   ☐ invierno

3 **¿Qué pasa cuando Max tiene frío?**

☐ No necesita un baño.

☐ Quiere un baño.

Escribe sobre Max en invierno.

_____

- -

4 **A Max le gusta su** _____.

Lección 14

✓ PALABRAS QUE QUIERO SABER

cuatro

línea

preparados

sobre

Carreras

Lee la oración.

Escribe la palabra nueva.

1 Los **cuatro** corredores están listos.

cuatro

2 Susi está **sobre** su papá.

sobre

3 Ana, Mina y Lolo están **preparados**.

preparados

4 Paco pasa la **línea** de meta.

línea

Escribe una palabra

Lee las palabras del cuadro.

Escribe las palabras debajo del dibujo.

pastel	mitad
texto	actor

1

_____

- - - - - - - - - - -

_____

2

_____

- - - - - - - - - - -

_____

3

_____

- - - - - - - - - - -

_____

4

Me gusta
mucho jugar
con mi
perro y

_____

- - - - - - - - - - -

_____

La carrera

Jonás　　**Pam**　　**Jana**　　de Jonás

por Rita Fernández

¿**Preparados**? ¿Listos? ¡Ya!

Jonás sale rápido, rápido.

—Tengo que ganar esta carrera —dice

Jonás—. Si no, no será divertido.

Uno, dos, tres, **cuatro**…

El paso de Jonás es bueno.

Pero no mira el camino.

¡Pum! Jonás pasa **sobre** una piedra.

¡Pam! Jonás se cayó.

Liz llega a su lado.

—¿Estás bien?

—¡Qué pena! —dice Liz—.

No ganarás, Jonás.

Después Liz se va.

Jonás llora.

Luego llega Jana.

—Me llamo Jana —dice.

Jana ayuda a Jonás.

Jonás y Jana llegan a la **línea** de meta.

Al final, Jonás no ganó.

Pero tiene una amiga, Jana.

Marca la respuesta.

1 ¿Por qué Jonás no puede ganar la carrera?

☐ Se cayó.   ☐ Se fue a casa.

2 ¿Qué es lo mejor que le pasó a Jonás en la carrera?

☐ La ganó.   ☐ Conoció a Jana.

3 ¿Qué pasará después?

☐ Jonás y Jana serán buenos amigos.

☐ Jonás terminará la carrera.

Escribe sobre una carrera en la que participaste.

4 _____

- -

_____

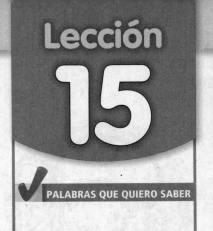
✔ **PALABRAS QUE QUIERO SABER**

cuerpo

grupos

piel

se parecen

Grupos de animales

Lee la oración.

Escribe la palabra nueva.

1 Este animal tiene el **cuerpo** de color naranja.

2 La **piel** de este reptil tiene manchas rojas.

3 Los animales se dividen en distintos **grupos**.

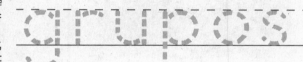

grupos

4 Un gato y un leopardo **se parecen**.

se parecen

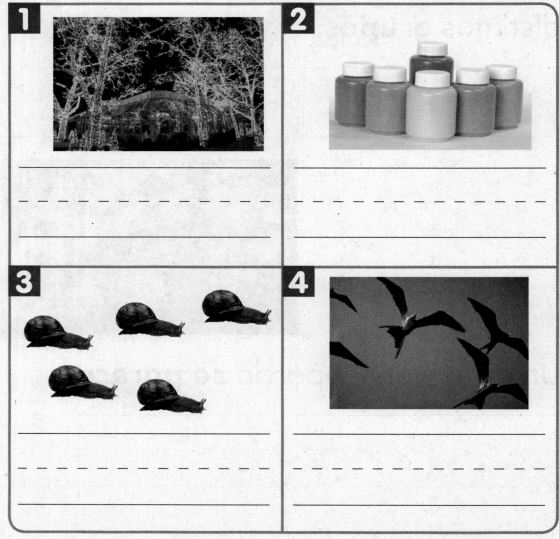

Lee las palabras del cuadro.

Escribe las palabras debajo del dibujo.

luces	colores
caracoles	aves

1

_____

- - - - - - - - - - - - -

_____

2

_____

- - - - - - - - - - - - -

_____

3

_____

- - - - - - - - - - - - -

_____

4

_____

- - - - - - - - - - - - -

_____

Felinos

por Edith Rivera

Hay muchos **grupos** de animales. Los gatos pertenecen al **grupo** de los felinos.

Los felinos pueden ser pequeños...
¡o no!
Mira el dibujo.
¿En qué **se parecen** el gato y el
animal mayor?

Esta pantera tiene la **piel** oscura con manchas.
Las manchas la ayudan a esconderse.

Este felino espera sobre una rama.
Si ve un animal,
¡se lanza sobre su **cuerpo**!

Este felino también caza.

Caza ratones, peces y ranas.

¡Todos los felinos muerden!

Los leones, panteras, pumas y
otros felinos **se parecen** a los gatos.
¡Pero no son buenos como mascotas!

Marca la respuesta.

1 ¿En qué se parecen todos los felinos?

☐ Todos son del mismo tamaño.

☐ Todos muerden.

2 ¿En qué se pueden diferenciar los felinos?

☐ en el color

☐ Algunos tienen dientes y otros no.

3 Los leones, panteras y pumas son...

☐ felinos.

☐ buenos como mascotas.

Escribe sobre los felinos.

_____

4 Los felinos son _____.

PHOTO CREDITS